Copyright © 2016, Rafael Vitti e Júlia Oristanio

Copyright do projeto © 2016, Editora Pensamento-Cultrix

Texto de acordo com as novas regras ortográficas da língua portuguesa.

1ª edição 2016.

Todos os direitos reservados. Nenhuma parte deste livro pode ser reproduzida ou usada de qualquer forma ou por qualquer meio, eletrônico ou mecânico, inclusive fotocópias, gravações ou sistema de armazenamento em banco de dados, sem permissão por escrito, exceto nos casos de trechos curtos citados em resenhas críticas ou artigos de revistas.

A Editora Seoman não se responsabiliza por eventuais mudanças ocorridas nos endereços convencionais ou eletrônicos citados neste livro.

Coordenação editorial: Manoel Lauand

Arte: Gabriela Guenther | Estúdio Sambaqui

Fotos © Alex Santana

Dados Internacionais de Catalogação na Publicação (CIP)
(Câmara Brasileira do Livro, SP, Brasil)

Vitti, Rafael
Amor roxo / Rafael Vitti, Júlia Oristanio. -- 1. ed. -- São Paulo : Seoman, 2016.
ISBN 978-85-5503-037-6

1. Poesia brasileira I. Oristanio, Júlia. II. Título.

16-06500   CDD-869.1

Índices para catálogo sistemático:
1. Poesia : Literatura brasileira 869.1

Seoman é um selo editorial da Pensamento-Cultrix

EDITORA PENSAMENTO-CULTRIX LTDA.
R. Dr. Mário Vicente, 368 – 04270-000 – São Paulo, SP
Fone: (11) 2066-9000 – Fax: (11) 2066-9008
E-mail: atendimento@editoraseoman.com.br
http://www.editoraseoman.com.br

Foi feito o depósito legal.

Rafael Vitti

AMOR ROXO

Júlia Oristanio

MAIS UMA VEZ em uma página em branco ei de começar.

Existem muitos pensamentos viajantes e muitas coisas pra falar,

escrever é sempre algo amplo, como um campo vasto, verde, um céu azul, a brisa que e(leva);

e este momento, agora, enquanto escrevo, é um momento singular de um certo alguém, eu, neste mundo.

Assim, gostaria de aproveitá-lo para agradecer.

Me fazer presente em forma de gratidão nestas palavras, neste instante, potente, presente, eterno, pra breve e pra sempre.

Nesta vida muitas pessoas passam por nós, nos ensinam, nem sempre como gostaríamos, mas, sim, deixam algo em nós, e por vezes até nos esquecemos, mas isto não importa, pois elas já nos deixaram algo, um olhar, um cheiro, luz, voz, presença, papo, ideia, silêncio, risada, poesia, estrada, viagem, comida, empada, e tudo mais que possa parecer ser nada.

É a todos que quero agradecer, todos que vivem no mundo, todos que não conheço e que virei a conhecer, aos animais, plantas, praias, mares, montanhas, camas, gentes, sóis poentes,

meu bem, a vida é maravilhosa!

Este livro é vida vivente, é dia, é noite, é amor, é dor, é cor, roxo.

Um livro roxo de dois poetas que se encontraram em existência.

Obrigado, Juju, por dividir este livro, seu ser e seus pensamentos comigo.

Obrigado especial às minhas fãs que me respeitam e me dão carinho.

Obrigado aos meus amigos, aos bons amigos, um brinde.

Obrigado à minha família, meu chão, meu norte, meu forte.

Obrigado aos meus ídolos, poetas, músicos, artistas que me inspiram e me fazem ter vontade de deixar rastros pelo meu caminho, como este livro, que retrata em poesia este meu momento de existência aqui.

Viva a poesia!
Viva a juventude!
Viva o amor!
Viva o bem!
Boa leitura!

Com gratidão,

Rafa Vitti

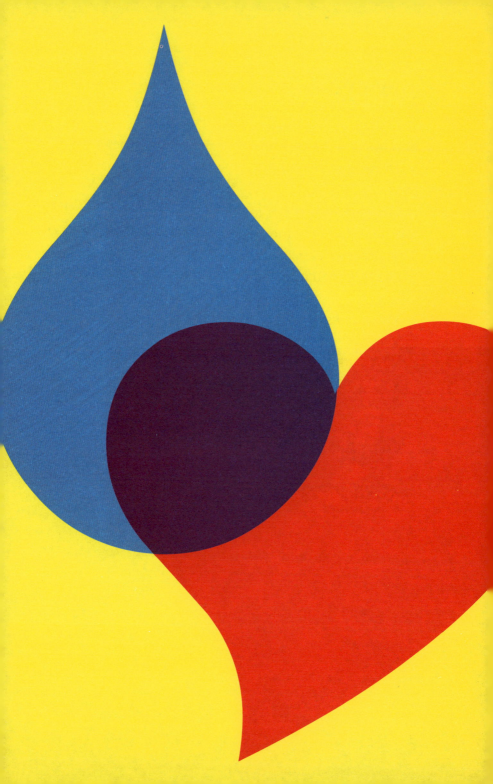

AMARÉ

amor
é amar

a maré
ser.

MEU AMOR JÁ MOROU NESSA RUA

Sempre entro na sua rua.
Não sei bem o por quê...
Talvez para passar pela tua
porta{ria}
&
imaginar
você
no seu quarto
dormindo
sonhando
feliz.
Ou pra ver
se por acaso
te esbarro
num golpe de pouca ou muita
s o r t e.

Não sei.

Talvez
seja
só
pra não perder
o
hábito
que ainda me
habita,
bonita,
de forçar o
acaso
ou
o destino.

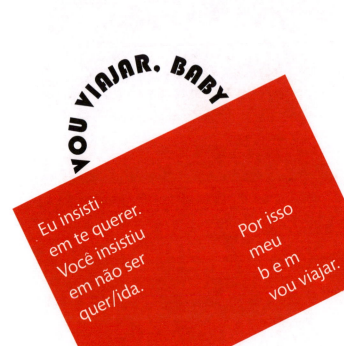

VOU VIAJAR, BABY

Eu insisti
em te querer.
Você insistiu
em não ser
quer/ida.

Por isso
meu
b e m
vou viajar.

Já comprei passagem.
&
por encanto
é só de
i d a.

Mas só por
encanto.

VI VER SEN TI{R}

Já ex-pus minha
opinião
sobre
achismos
Já disse que não gosto...
Que
a b i s m o s
são mais
felizes.

Mesmo que
fiquemos
abis _____ **mados**

eu de um lado,
do outro:
você,
Pensa!
Ainda assim estaríamos
/entre /
o mesmo
a b i s m o.

É mais bonito viver,
bonita.
Pagar pra ver,
es**clarecer**.
Sem cuca!
Você que me ensinou um tanto disso.
Né?

VOCÊ QUE NÃO PASSA

Ei!
passou a vontade de
dizer que você
passou.
A vontade
que me
veio
e logo depois
des-veio.
Questão de poucos segundos
que me fizeram pensar
que você
{não}
passa.
És doce, mas não és uva.
Muito menos uva sem
caroço.
Talvez
queijo!
Não **passas.**

Mesmo eu já tendo comprado
a **passagem**,
sei que não **passou**
&
nem está só de pass**agem**.
Como posso dizer que **passou**?!
Justo você
que:

orbita.
levita.
flutua.

Por {encanto} quero que
n u n c a
passe.
Pelo **menos** nesta
vida,
bonita.

DES-COMBINADOS COMBINANTES

Você **não** combina comigo.
Eu **não** combino com você.
A gente super des-combina.

Eu gosto da cachoeira,
de entrar no mato,
entrar no mar,
entrar em ti...

As **diferenças** são
as mais lindas e gritantes.

GRITAM!!!

Mas bem baixinho.

"Descombinados combinantes"
assim eu chamaria.

Essa **descombinância** é o que há.
E isso que sinto é o que há.
**Haja o que houver
seja o que {há}!**

NATURAL

Aconte**céu**

de a**mar.**

sou**rio.**

As pessoas temem morrer de amor
mas de amor nem se morre.
As pessoas querem sentir amor
mas quando sentem
temem e mentem para si mesmas.

O amor parece ser tudo.
Mas não é(?)
Acredite no que quiser
e viva seus vazios
como se fossem preenchidos
por cores de esperança.

O amor nos deixa infinito.

TEMPORAL

Não preciso passar um

mês inteiro com você

pra saber que **te amo**.

Tempo é

relativo.

Amor

é

Atemporal.

O POETA

Não tenho nem duas décadas de vida
&
ainda assim,
me sinto no direito
de dizer o que é o **amor.**
Já ouvi e li
tantas frases, tantas convicções ,
tantas definições utópicas
que chego à conclusão de que
o **amor** não passa de uma **f o r ç a**
que existe em todo **ser**
que o ajuda a dar algum sentido maior à sua
existência.

Quem sou eu poeta pra falar alguma coisa?

Sou um "homem" de 19 anos
que **sofre** por **amor** e chora **poesia**.

CRISES E VARIZES

Está tão difícil escrever.
Estou tão confuso.
Por quê?
Milhões de coisas, sei lá...

sei lá!

Eu sei lá.
Só lá.

Estamos felizes,
estamos bem com nós mesmos...
E já não estamos mais.

nunca estamos satisfeitos.

AMOR?

                              AMOR??

AMOR!?

                                       AMOR????!

Prometo que serei o mais sincero comigo neste
momento:
Estou des-crente.

O RESPIRO

Poesia vira
f l o r
q
u   **o r**
e   **m**
vira a
p
r
a
alguém.
& morre preto e branco com perfume de terra.

A CARTA QUE NÃO ENTREGUEI

Estou aqui para escrever alguma coisa
que quero te dizer.
Mas também não sei o que é.
Acho que é por isso que escrevo.
Para descobrir e re-descobrir.

Estou sentado à minha mesa,
é noite clara, véspera de seu aniversário.
Toca Cazuza, estou calmo.

Mais do que qualquer coisa
quero que esse escrito,
minha manifestação de sentimento a ti,
seja digno de ser guardado e lembrado.
Claro que não!
...não é isso que eu mais quero.
sei lá...
você me deixa confuso.

te darei uma rosa
branca.

POETAS

Sou poeta
não aprendi a amar.
Ou aprendi a amar demais.

ME DEIXA

Quero seus lábios nos meus.
Sentir-te por inteira.
Amar infinito.
Ter as melhores sensações da vida.
Tudo ou nunca mais.

Tive medo, talvez vergonha.
Tive amor, talvez paixão.
Tive coragem... mas não tive chão.

Me dá uma chance
deixa eu te beijar, deixa...
deixa
depois
me deixa.

CORAÇÃO

É fácil escrever sobre o sentimento alheio.
Se entender é muito mais complicado.

Se olhe no espelho.
Se olhe bem! Mesmo!
Perceba os detalhes,
olhe nos seus próprios olhos,
sinta-se através deles.
Abra a boca, olhe os dentes, a garganta.
Coloque a mão no coração
e sente
o que te move
bate
sem parar.
O que te mantém vivo,
amigo.

Escrevo pra me ouvir
sentir o que está escondido
e eu não consigo ver.

UMA LETRA EM SOL MAIOR

Ela diz que não merece meu amor
E eu não sei o que dizer.
Eu peço por favor
ela finge não entender.
Quero que esse amor cresça.
Não vou me adaptar
eu tenho que viver assim?
eu me preocupo demais?
eu amo demais?
Não mereço a troca?
Não quero uma vida de arrependimento.
Não quero só tormento.
Quero a leveza do pôr do sol.
Quero ser o infinito
e deixar o tempo pra lá.

PALPITE

Meu desafio é escrever o **amor**.
Tenho até medo de começar.
Ninguém deve saber o que é o **amor**.
É só um palpite...
Um poema...
poesia...

Olha só a enrolação inconsciente
pra não ter a responsabilidade de falar de
amor.

Eu não sei o que é **amor**.
Não deve ser nada complexo
nem muito simples.
É só um palpite.

O amor é querer estar muito junto.
Dar carinho, beijar, abraçar...
crescer principalmente.

Você não sabe quem você vai amar...
Anconteceu de acontecer.

Mas é só um
palpite do coração.

tum   tum
tum tum tum
tum tumtumtum
tumtumtumtu
tumtumtu
tum

OS INCOMODADOS

Sua indiferença me incomoda.
Seu egoísmo me incomoda.

E os incomodados que se mudem.

TEMPO REI

Azul, verde, concreto, luz e chapéu.

Nada mais me importa
se não tiver o tamanho do céu
a infinitude do papel
e o amor de um poeta passante
sem tanta pressa de vida,
porém
com sede de tudo que se possa beber.

Fontes de novas cores e sabores.

Música, janelas, pedras portuguesas,
ladeiras, mirantes, cama, banho
e nós
aí
tendo o mundo como quintal
conquistando nosso espaço
vivendo apenas sendo
o que se é.

Muitas histórias existem
no paralelo
do nosso singelo
{elo.}

páginas em branco são amores infinitos

**As pessoas gostam de dizer que sentem
mas não gostam de sentir.**

ME DESABOTOA

Desbota o coração até ele mudar de cor.
Des-bota ele do meu peito e bota num baú,
tranca a 7 chaves e deixa morrer.

Desbota meu coração até transparecer,
até transparente ser o que é pra ser
depois deixa morrer e florescer na novidade da cor.

Ciclos são lindos e são tudo que vemos e vivemos.

A.M.O.R

Amor?
O outro é seu amor
O seu é outro amor
Amor?
Palavreado
Palavrinha
Quatro letras mutretas
De palavras pernetas
Amor não acaba em buceta.
Amor não é careta
Amor existe fora do planeta?
Fora da cabeça do homem...
Somem
todos os pensantes
Pensar demais queima estoque.
Estique, toque
Toque
Vem cá
Sente & sente
Arrebita a mente
Só palavras escravas...
Poetas roubam, transformam, enormam
Você chegou e eu
par-ei

INTERIORES INTEIROS

Não quero
restos
nem metades.
Quero
por
i n t e r i o r.

FORMA{S}

Tá amo

Tê amo

Ti amo

Tô amo

Tu amo

Se não amo
Ré-clamo
Necessito amar amor
de todas as formas.

FOGO

Me chama.
Me acende.
Me ama.
Não prende.
Liberta o quente.
A chama que me ilumina
é a mesma que me queima.
Acenda a tua chama
e me chama pra dançar
ao vento,
ao passo lento.

Amo de graça.
Desgraça ou virtude?
Quem tiver a solução,
por favor, não me ajude.

Sou meio mar
Meio ar
Meio velho, meio peixe
Meio eixo, meio fecho.

Sou meio terra
meio quadrado

meio esfera.

Ex fera.
Ex presa.
Ex pressa.

Sou meio bocado de amor.
Sou meio bocado de amar.

Às vezes caça.
Às vezes caça dor.

Sou meio mar, meio amar.
Meio completo de amor.

DAS PERDAS
NO CAMINHO

No meio do caminho
tinha uma **perda.**
Tinha uma **perda**
no meio do caminho.

Perdas melhores virão.
Perdas que escorrem
a
m
o
r

Perdas que não me deixam sozinho.

Perdas
que
sucumbem
a dor.

Perco pra encontrar
Perco pra melhor **ar**

EFÊMERO

Quero te escrever algo.
Pensei em começar falando de seus olhos.
Porém, **não é por esse caminho
que quero ir.**

Já visitei outras piscinas.

Hoje,

teu olhar me penetrou.

Tive a sensação de que

quando encontramos nossos olhares,

seus olhos

pulsaram
como um coração.

Um coração que pulsou uma única vez

pra nunca mais.

CÉU

Meu abraço constelação

de poeta

que não a(prendeu) o amar

Ou

a(prendeu) o amar demais.
De graça...
Amar de graça.

Amar o Fluxo.
A energia Do(i)s inversos
Unidos pelos mais incertos versos
lançados ao universo.
Não espero por respostas.
Sempre preferi as perguntas.

ERRANTE

**Soul
Sou
Alma inquieta.
Poesia c o**

n c R

e t a.

Essa é minha vida.
A penas
um olhar poético.
Pó ético

DOS VENTOS BONS

Até me arriscaria
a escrever uma declaração.
Às vezes (agora mesmo) me sinto iludido.
Falando em amor, declarações, fogo, vento...
Falando de flores & jardins da boca tua,
da Lua que vimos, que vivemos...
Onde bebi tuas lágrimas de gratidão...

Corações maltratados também batem amor.
Corações machucados também bombeiam,
amor.

Gosto que toda vez que lembro de algum
encontro nosso me pego sorrindo,
achando graça da simplicidade que é te ter
por perto, mesmo que por instantes...
Sempre me vem à cabeça como instantes
espaciais, universais...
Em mim você se faz poesia.
Se transforma em verso.
E no teu olhar de Sol fico imerso
em sentir amor.

NA NOITE

Paixão momento,
Efêmera.
Ê fêmea.
Assim fica difícil resistir.
Sou levado.
Em alguns mais que sentidos.
Desculpe, licença...
Poética.
Na dialética
eu te entendo, você me entende.
E acabamos por nos desentender
no entendimento desenfreado.
Por pura poesia

e metáforas
e figuras
e linguagens
e figuras de linguagens
eu cá estou,
neste diálogo sem muito nexo
que tenho comigo mesmo
em algumas noites quentes ou frias ou mornas
ou mortas
que insistem por se repetir... perversas...
porém, muito porém, verdadeiras... verdadeiras
noites artísticas.
Verdadeiras noites de amor.

AMOR DE FILME

Quero me apaixonar como nos filmes.

Sinto falta de sentir
um grande amor dentro de mim.
O amor me faz cometer loucuras.
E eu gosto.
Quando estou apaixonado de verdade
ganho um tom a mais na minha realidade,
parece que a vida expande um pouco,
parece que a China fica logo ali
dobrando a esquina.
Nada é problema ou limite.

Sinto falta de alguém que não entenda
meus pensamentos,
que descomplete meus versos,
que me sirva de inspiração sem nem saber.

Quero alguém que converse comigo
por pelo menos 13 horas seguidas
e ainda assim pareça que o tempo parou
ou voou.

Quero alguém que me ensine o que eu já sei.
O que eu acho que sei.

Quero viver um amor de filme.
Um romance daqueles bem
clichês que começam na fila da padaria
ou então no metrô.
Os olhares se cruzam... e começa...
O amor é o combustível dos tolos poetas
mais belos que conheci.

Poetas não servem para amar pelas beiradas,
pela metade, por esporte.
Ou servem demais.

POETA DE SACO CHEIO

Tenho amor aqui na minha sacola.

Antes,
quero dizer, há alguns anos,
eu acreditei que carregava
muito mais amor comigo.
Muito mesmo.
De vários tipos, formas,
normas e texturas...

Fui deixando os amores da sacola
pelo meu caminho.
Como se plantasse flores
nos peitos dês-alheios.
Como se dançasse sozinho ouvindo
o som que vem de dentro de mim.
Como se meu amor fosse infinito,
incompleto de pré enchimentos.

Todo amor que vai há de voltar.

Por um breve momento cheguei a acreditar
que meu amor estaria acabando.
Que estaria se diluindo
no mundo do racional.
Que estaria esfriando o coração...
Só que amor que vai
há de voltar.

POR MAIS DESEQUILÍBRIOS

Um tropeço
às vezes cai bem.
Um novo começo
às vezes cai bem também.
– quase sempre, na verdade –

Tropeços desequilibrados
em começos inusitados
quase sempre também caem bem.
Caem de fronte, caem de peito,
às vezes caem sem jeito,
caem com medo, caem de boca,
caem de luto, caem de amor...
Cair faz p(arte).
Cair faz levantar...
Por um mundo com desequilíbrios sem fim.
Onde você possa sempre levantar-se.
E é bom quando alguém te ergue a mão,
te ajuda, te segura e te acompanha...
Gosto do desequilíbrio, do tropeço e do
começo.
E é assim que gosto de você
No abismo.

MUIÉ

Muié **é fogo**
faz ardê coração
faz quemá a saudade
faz chorá solidão.

VAZIO DE POSSIBILIDADES

20 e tantos de novembro.

Noite.

Escolho, sem querer, noites para criar.

O papel é como alguém, um ouvido.

Ou talvez seja mais.

Afinal, eu também o escuto e discuto.

Às vezes são breves papos.

Por vezes longos, mas nunca tão longos diálogos.
Tenho a impressão – sinto – que faço poesia

a quase todo instante na minha cabeça.

Acontece que no papel
eu posso registrar essas "conversas".

Isso vale de algo? Talvez um montão de vazio.

E quem sabe isso não seja ruim

pois o vazio é sempre uma

possibilidade.

PREGUIÇA

Bato altos papos comigo mesmo.
Mesmo.
Muitas vezes até canso de mim.
Dos meus assuntos, dos meus problemas,
dos segredos, dos meus medos,
minhas inseguranças, meus anseios
e desejos, minhas paixões, meus sonhos...
Me canso só de listar as coisas que me cansam
em mim mesmo.
Mesmo.
Às vezes – raramente na verdade –
eu gosto do meu cansaço, da minha preguiça,
da des-vontade na dita "vida"
 e no dito "eu".
É quase que um desapego de mim mesmo.
Mesmo.
Eu gosto quando consigo sentir que devo
acabar um poema. Quando me vem o dito
"verso final".
Sou preguiçoso & Gosto de poesia.
A preguiça enriquece o poema.
Mesmo.

RESPONS(H)ABILIDADE

Não sei que dia de janeiro é exatamente.

É domingo.

Estou – como de costume – no meu quarto.

E já passa da meia-noite.

Está tocando uma música triste.

Penso fundo, quase choro.

Nem sei o motivo.

Parece que a vida não basta

e na realidade não conheço quase nada.

Não consigo transformar
nem a mim mesmo direito,

Imagina o "resto".

DÚVIDAS E RESPOSTAS

Talvez

eu não consiga viver saudavelmente com alguém.

Gosto do meu tempo, de ficar sozinho,

de não fazer

nada.

Por outro lado,

onde encontrar uma

companheira

assim tão próxima de mim?

A saudade me responde.

DIARIAMENTE

Uma vida no indeterminado tempo.
Um microgrão lançado ao vento.
Uma borboleta na Amazônia:
Somos nós.
E o que fazer aqui?
Eu escolhi ou a vida escolheu por mim?
Como dar conta do futuro?
Como não enlouquecer?
O melhor talvez seja dormir, talvez sonhar
só isso, Hamlet.

Dormindo esqueço de mim
e me conecto com meus sonhos,
e assim
encontro a liberdade e
dou uma volta com ela,
bato papo e rio.
Até que acordo **nova-mente.**

Sinto que não vou passar disso.
Eu e meus compromissos.

BUSCA

Te encontrar foi

como

me encontrar.

Ou ao menos fez sentir meu SER.

Me fez sentir de forma aflorada um lado
artístico

forte e singelo desse SER EU.

Esse lado "artístico"

modifica

meu lado "humano" e

consequentemente trans-forma

meu in-destino.

O MESMO E MUITOS

Quantos moram em mim?

Quem são esses que me habitam?

Deve ser por isso que sinto tanto peso.

Peço que leve o peso

e deixe

só o {leve}.

Neste caso,

deixe

meus próprios amigos,

os bons amigos que vivem em mim,

deixe que eles passeiem por meu jardim sem fim

e me façam feliz.

AUTORES

Escrevemos nossa própria história
E os dias serão de glória!

EU, MEU INVENTO

Ao som da música
me faço,
como num desenho,
traço por traço.

Que história contar?
Um amor perdido?
Um amor encontrado?
Amizade, perda, glória?
A musa que me inspira?
A silhueta que me chama?
O amor...?

Penso demais, amigo.
Me invento comigo.

**sentimento dobrado
atenção redobrada.**

DESABROXAR

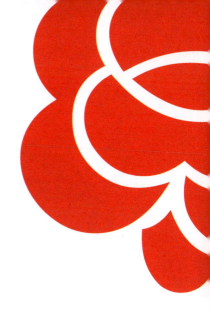

Desato e ato nós
sem mesmo saber por quê.
Sou assim,
não me peça para ser você.

Se decepção não mata,
ensina a viver.
Por que não vivo
ao invés de morrer?

Hoje sinto-me flor murcha,
incolor,
insípida e
inodora.

Na verdade,
não sinto mais
nem mesmo os espinhos
que me cercam.

Sinto apenas
que sou uma flor
sem o devido valor.
De jardineiro
Infiel

Uma boa pergunta

Eu te inspiro

ou você me inspira?

A gente
se **ins pira**
juntos

AMOR ALTRUÍSTA

Eu te amo de(s) graça.

Sou paradoxal

Posso passar batida

ou te marcar para sempre

Sou crua

mas posso ser só nua

Às vezes pode ser tão difícil

e tão fácil me agradar

Sou magra

mas gorda

Baixa

só que alta

Anti tecnologia

mas tão tecnológica

Carinhosa

meiga

simpática

às vezes tão grossa

Sou transparente

e tão escura

Posso ser brisa

ou só chuva

Sou brasa que pega
Tempestade para alguns
Menina-vento para outros
Cuca fresca
Às vezes mente tão pequena
Se soubesse a força do que penso
não negaria meus pensamentos
Esse é o meu defeito
Os primeiros devaneios
Aqueles que eu pondero
avalio
depois não dou ouvidos
Ainda caio na besteira
de tentar controlar o tempo
Esqueço
Por alguns instantes
sinto-me gloriosa
Eu tenho as minhas histórias
Dos meus fracassos muitos sabem
Faço questão de ser **humana**
e **trazer** alegria

MANHÃ CHOROSA

As nuvens amanheceram nostálgicas
Ao lembrarem de suas andanças
choraram no céu
Descarregaram seus pesares e prazeres
Estavam furiosas
e eu me identifiquei

Esvoaçantes meus cabelos
mesmo dentro de casa
Sensação de iminência
Venta e chove
Meu corpo não está para isso

As nuvens resolveram
zombar comigo
Eu, muito amiga
rio porque sou todo ouvidos

Curioso que
daqui a pouco
sentirei saudades
De outro lugar
vou ver outras nuvens
em algodão no céu
e lembrarei desse solitário tempo
em que elas desapareceram sob mim
e me pareceu que descarregavam
o choro do mundo

ROXA DE FOME

Será que escrevendo no papel
consigo tirar de mim tudo que sinto?
Acho que não.
Mas a fome que sinto,
consigo.

Estou com fome.
Eles tomando açaí
e eu aqui.

Fome de amor e
de carinho.
Faminta de atenção,
cavalheirismo e
gentileza.

Minha cabeça dói.
Meus olhos e meu estômago
precisam se alimentar.
Minh'alma precisa de amor substancial.

Quero o biotônico do amor.

Quem sabe assim
ao menos consiga
voltar a dar amor
de verdade.

Quem sabe,
pelo menos assim,
eu tenha vontade
de me abrir novamente
com alguém.

MÃE NOSSA

Natureza,
ordem perfeita que está por toda parte,
sou grata por toda sua abundância
hoje e sempre.
O Sol nosso de cada dia
nos dá força e
permite que enxerguemos melhor.
Seja o que quiseres
agora
e cada vez que eu tropeçar
além.

CULTO AO JOVEM

Esse é o tempo
Hora de enxergar com outros ventos
Ver beleza no relento
Tudo tem seu contratempo
e seu exato e preciso movimento

Somos jovens, que sorte!

Não importa,
agora é a hora
de ver tudo que o olho precisa
de ser toda vida e qualquer coisa,
de não ser ninguém e poder se achar muita coisa

Dê licença, Senhora Sua Poética,
sou jovem,
vou passar

DE NINGUÉM

Ser só
ser sua
tanto faz
Ser do mundo
ou ser dos meus pais?
Já não me cabe
ser de alguma coisa
ou de alguém

CICLO VICIOSO

outro fim outro começo outro fim outro começo outro fim outro começo outro fim outro começo outro fim outro começo

ALÉM-MARES

Para além-mares eu vou te levar
Para nadar comigo e você pular esquisito
Poesia não se faz só
Há mares, amares e isso segue
para além-mares

Estar ao seu lado é inverter a cadeira
e perceber a realidade:
Nossa verdade é a nossa arte

Gosto infinito de gostar de você
Não temo perder

Será que eu roubei sua inspiração?
Impossível
Talvez um sussuro
um calafrio
um suspiro te arranquei

Não te roubei

Fiz você respirar
e você me fez **a m a r**

A gente é tão a gente!
E as borboletas
E o som do silêncio preenchido
E o som do barulho empobrecido
Barulho silencioso não sabemos fazer

Você poderia ser para sempre meu amigo
Para sempre do meu time se eu pudesse
escolher
Se eu fosse criança,
ia querer ganhar o par ou ímpar para poder
ter você
mas como sou adulta vou dizer:
Meu amor por você cresce a cada respiro
de talvez poder te ver

RESGATE DO AMOR AO TEMPO

De todas as nossas horas
não sobrou
nem um minuto
do que fomos

RAIO X

Agora que você já viu
meu dentro
meu fora
conheceu minhas loucuras
e feiuras
pode ir embora.
Ou então,
quem sabe,
me aceita.

CONFISSÃO

Parece que naquele dia eu estava esperando
pelo Segundo Sol.
Eu vi a terra girar e foi bom.
Ao escutar o ecoar das tuas risadas,
dancei pelo espaço.
E tuas brincadeiras que agora acho graça!
Estranho,
de repente ganhou cor!
Teus olhos agora são coloridos, que amor!
Pode parecer tolo meu jeito de ser,
mas é verdade e é bom ver você crescer.
Como cresce alguém que sempre foi grande?
Melhor me responder.
Sei que talvez não vá saber
e pode acabar inventando algo para dizer.

Então diz!
Adoro te ver criar no meu ar.
Inspiro seu expiro
e me inspiro
com teus vinte anos sorridos.
Aquilo que não é teu tratará de ir embora.
Deixe ir, aproveite agora.
Viva de cada vez,
loucura com lucidez.
Eu poderia lhe contar meu segredo,
mas muito comovido,
você seria entretido.
Pegue aquilo que for bom de mim.
Meu lado escuro é algo que não convém.
(mas vem!)

PARA JÁ

Chega
Estou enferma
Amada e
mal-acostumada

Quero sua cama
Quero sua calma
Quero estar alma com alma
Peito com peito
Pé com pé

Me sinto tão sua nua

Você é minha dupla
Isso é elementar
E, sendo eu,
sua complementar,
quero acalmar meu coração
E ele pede por você
Está reclamando

Cola comigo

Quero tico com teco
Tom com Jerry
Lé com cré
e você aqui agora

CARANGUEJA

Carrego a casa nas costas
Sou do mundo
Evito andar para os lados
Já insisti nos mesmos buracos
Hoje prefiro os cantos,
os muros, as frestas,
a relva,
minha selva solidão
Amei pontes e túneis
Agora meu caminho é o longe
o calmo
que acalma
meu pulsante
sonhar

CONSELHO

Quando pesar a cabeça e os ombros,
deixe que tudo vá embora
veja o que sobra
desfrute dos restos
eles são a melhor parte.
De saída,
saiba bem,
eu me interesso
pelas tuas migalhas

PROTEJA-SE

Não adianta fazer o desavisado
A flecha foi lançada novamente
Se esconde que o amor chegou
para acabar com a gente

CONSUMAÇÃO

Mais uma noite
Mais um gole
Algumas prosas valem a saída
Outras te deixam com ainda mais preguiça
Mais uma música
Mais uma dança
Me sinto uma criança
Me questiono se erro por estar ali
mas sinto-me brilhante
e desprendida
como uma estrela cadente
que some de repente
A vida noturna
não prende
Às vezes rende
Às vezes não rende

DESPIDA

Não ouso chamar-lhe de meu
Não consigo pendurá-lo a mim
como algo que tenho
como meus brincos e anéis

GERAÇÃO 3G

Triste a vida
em modo avião
Não liga
Não recebe
Não compartilha
Não troca

O SILÊNCIO

É o espaço entre o criador e o objeto
O sujeito e o Universo
O que nele contém
pode levar ao grito
ou a uma grande ideia
ouvida só porque se abriu brecha

DE APARÊNCIAS

Sua aparência me enganou
como um golpe baixo
quando atinge um desavisado.
Não é bem como se não tivessem me alertado,
avisaram para eu subir no salto,
mas acontece que agora já fui ao chão.
Não posso vê-lo,
prefiro esquecer-te então,
se assim for.
Pois sua beleza me dói
e eu estou ficando sem forças
para me esquivar
de ti.

NÃO DEVE SER ENGANO

Chegou devagar
pedindo licença.
Fez que queria entrar,
mas não era hora.
Por fim,
invadiu meu país
com bandeirinha.
Em meu íntimo,
escuto cada vez mais alto
que é ele.

MÃOS AO ALTO

O amor é mesmo o meu ponto fraco
Meu cansaço
Escuto-lhe
Sou vítima
e jogo minhas mãos ao alto
Por você, fracassada
O amor me tomou de assalto

OPEN BAR DO AMAR

Passei a enxergar bondade em estranhos
ao invés de querer beber de uma fonte
Só.
Desde então vivo embriagada de amor.

AMOR DE VERÃO

Verão que amor
de verdade sobe serra
E coisas pela metade
mudam
como o tempo
quando vira à tarde

OVER

Sempre deixo meu amor
sentindo-se amado demais
ou
demasiadamente fatigado.
Confesso que isso
também me cansa.

COMO UM DIAMANTE

**Eu avisei,
Meu bem:
Sou bruta**

ANALFABETO NO AMOR

Conheci uma vez um rapaz de palavras.
No início, encantadoras.
Porém, de tão fortes,
não se mantinham.
Como acreditar no discurso
doce e vulgar
do truque de amar?
Não pensar,
nem pesar.
Eu vou assim,
cada vez mais dona de mim, e,
por maturação do destino,
moça de poucas palavras.
Gosto que seja assim.
Não sou boa ao dizê-las.
Muitas vezes
penso que falo
o que ninguém quer ouvir.
E, ao contrário desse rapaz,
não quero falar demais
e tornar alguém infeliz.

SIMULTANEAMENTE

Somos gigantes.
Ainda que separados,
gigantes.
Brincamos.
Ninguém pode com a gente.
Nós mesmos e,
como eu e você,
não há ninguém.
É bom andar assim.
À medida que nos aproximamos,
meu amor por você aumenta.
Reconheço tua beleza óbvia,
me apaixonando.

MEU CURANDEIRO

És um belo pacote.
Traz consigo encantos
e conhecimentos vastos
sobre a poesia e a arte de artista,
sem contar suas infinitas pintas.

Talvez o que saiba não venha
exatamente
desta vida.

Não importa.

Rio muito contigo,
então libero endorfina.
Ao seu lado,
pouco a pouco,
sou curada todos os dias.

SORRISOS PARA SEMPRE

Meu amor sorri o dia inteiro
Mesmo quando parece que vou desabar
Mesmo quando não encontro a mim
Meu amor pega minha mão
Me embala
(M)e sorri

ACHADOS E PERDIDOS

Perdi a hora,
as calças
e as lentes de contato.
Perdi minha vaidade,
meu orgulho,
minhas fichas,
o maçarico
e a viagem.
A fome,
a piada,
perdi a carteira
e a passagem.
Depois de tudo isso,
ganhei um abraço.
Sentei na sombra
e não me faltava nada.

RELATO DE UM AMOR QUE PASSOU

Quando eu soube que ia acabar,
acordava dilacerada,
mas não tinha pressa:
já ia acabar!
Então eu ficava te olhando dormir
me despedindo da sua cara sem seus olhos.
Outra feição, por que olhos fechados
mas corpo todo ali.
Presente-ausente-passado,
poros dilatados,
entregue e indefeso a respirar silêncios.
Nada estava acontecendo.
Dentro de mim,
turbulência.

Gostava de admirar a beleza
e melancolia daquele ritual
que,
eu sabia,
não demoraria
para nunca mais acontecer.

Eu (vi)vi,
parte por parte,
até o fim
todo o meu resgate.
Eu recolhi cada parte.

Me despedi tantas vezes
de verdade,
outras sem vontade.
Aquilo durava
por vezes
horas inteiras.

Eu encarava em seu rosto o rumo
dos meus pensamentos mais medonhos.
Conversa ora comigo,
ora com você,
fechava questões,
resolvia pendências a te esperar
despertar.

Dormindo você foi meu melhor amigo.

Hoje sei por que tamanho fascínio
em olhar alguém dormir
ou até mesmo alguém que está para partir:
Está em reconhecer-se ali.
Poder se ver e refletir.

De tanto te olhar dormir,
acordei.
Um dia encontrei-me
e simplesmente parti,
de coração.

AMOR SE CONSTRÓI

O amor não surge do nada
Não existe à primeira vista
O amor é artesanal
Há que tecer o amor,
costurá-lo com linhas grossas,
amarrá-lo bem
e soltá-lo

GAROTINHA FELIZ

Depois daquele dia ela nunca mais voltou
Sozinha mesmo continuou a caminhar
De olhos abertos (míopes!)
e ouvidos largos,
partiu.
Do sorriso manso
da ferida semiaberta,
com uma certeza ficou:

Coração foi feito para levar ponto.

Lembrou daqueles dias...
Pensou no futuro...
(Que Deus o tenha)
Sentiu na boca o gosto salgado da... Dor?!
Felicidade também tem gosto de mar

RECADO DE MIM

Permita que as "coincidências"
aconteçam novamente.
Que eu desfrute o melhor das pessoas
e desligue o celular.
Que o nosso amor nunca vire hábito.

Não temo a vida, nem a morte.
Com suor,
sei que serei salva.

Moinhos de vento enrolaram meus cabelos
e eles levaram você.
Chorar para quê?
Quando as portas parecem estar fechadas,
algo está para acontecer.
Obrigada por me desobedecer,
sou muito melhor sem você.

O som que me envolve é novo e é também,
à noitinha,
sempre igual:
Peço perdão e paz.
Agradeço e convoco a Senhora Santinha de Mim
Mesma.

PARA MIM MESMA

Acredito no conflito da minha vida,
no Universo me mandando parar.
Vou ouvir,
diminuir,
sentir o ritmo no olhar,
no coração que fala
mas quer calar.

Ser mulher é ser divina,
ser deusa,
ser lampião.
Posso não saber de números,
mas escuto minha intuição.

Todas as noites,
ao deitar,
curvo meu olhar.
Ansiosa,
espero a estrela brilhar.

Simples seria receber uma carta em casa,
papel passado:
"Tudo certo, nada resolvido."

RIO-BAHIA

Se qualquer verso é digno,
então eu vou dizer:
Eu estou apaixonada por você

Naturalmente
De forma inocente
Troquei o pensar pelo sentir
e foi diferente
(não quero mais pensar)

Estou tentando escrever algo para nomear,
mas era madrugada
agora amanheceu
Acordei como fui dormir
Dormi e acordei como sonhei
Sinto você

Os pássaros estão comigo e o sol há de vir
Do primeiro beijo eu não me lembro
Jamais esqueço os últimos momentos
Penso em ti
e te imagino sorrindo-dormindo,
em um sono tranquilo

Queria te esquecer

É que você está tão fresco na minha memória,
e aquela história de morar fora
É que suas incontáveis pintas borram teu corpo branco
e é bonito de te ver mexer

Você não sabe,
mas vou dizer:
sua energia desenha a alegria que é viver!
Para você, um bambolê!
E que nada neste mundo é por acaso.

AMOR À PRIMEIRA LIDA

Te amei quando te li.
Como uma obra-prima,
possui mais virtudes
do que um ser humano comum.

Você não é desses que se encontra
na fila da padaria e,
mesmo assim,
para amar,
é preciso ter pré-disposição.

Depois de te ler,
te amei mais ainda,
fato que me fez perceber que
o que adoro em você
vai além da nossa troca.

Mesmo que um dia a vida decida por nós,
nada separa o artista da obra que ama e,
neste quesito,
você é meu livro preferido.
Te tenho de cor,
de cabeça.

Você fica na minha cabeceira.

Eu te amo literalmente.

Você é meu palco
Aonde eu aconteço

AMOR CELESTIAL

Hoje te vi e
voltou tudo.
Percebi que aquele amor,
que eu achei que já não existia,
ressurgiu como um flashback
– depois passou.

Aliás,
tudo foi breve como um flash!
Quando dei por nós,
sumimos.
Nosso amor foi hipotético,
porém recíproco
em sua impossibilidade.

Nunca foi.

Somente os amores impossíveis
são perfeitos,
(onde não há tentativa, não pode haver erro).

Ainda sim,
te conservo latente
em formol
dentro do peito.

Somos sabidos e
sabemos:
nosso amor
não é terreno.

DÚVIDA CRUEL

A gente vai duvidando do amor
enquanto ele sutilmente
vai invadindo nossa vida
como um veneno
ou um antídoto

Amor é coisa que se alastra
não é para ser contido
Contudo contigo ainda me seguro

No entanto não me canso de amar
(E errar...)

Quero acertar
& aceitar

Quero ser melhor por mim,
mas não tem jeito
Minha maior motivação
é sempre
o outro

Votos de
silêncio
e de amor

Somos democráticos

GANGORRA

Eu quero

Ele não quer

nem quer que eu vá

ROTINA

Janelas me contam histórias,
olhos me beijam,
sóis me fazem companhia.
Em harmonia,
sigo com preguiça.
À tarde,
os pássaros cantam para mim
e, na trilha,
vou dançando com o vento,
encarando meu silêncio.
À noitinha,
em casa,
recebo visitas que,
de tão esperadas,
tornam-se amigas:
São meus fantasmas.
Agora já sei como lidar:
Convido-os para entrar.
Então a madrugada entra e lhes ofereço um drink...
O papo está bom,
me deito com eles e digo:
"Quando eu acordar,
todos para fora."

O AMOR É COMERCIAL

Os amantes fingem que se amam autenticamente
mas é sempre a mesma aberração
mesmas piadas
mesmos convites à sedução

Para que a vida siga seu curso são necessários

cortes secos

Seguir **ADIANTE**
é um hiato

A MINHA SEDE DE VIVER ME TRAI

Sumi de mim

Nunca mais me vi

Viajei longas distâncias

Nunca me encontrei

Conheça também o primeiro livro de Rafael Vitti:

Para ver nosso catálogo completo acesse:
www.editoraseoman.com.br